SWOT-Analyse des TSG 1899 Hoffenheim. Merchandising und Licensing, Sponsoring und Digitalisierung mithilfe einer App

Simon Habold

Bibliografische Information der Deutschen Nationalbibliothek:

Die Deutsche Nationalbibliothek verzeichnet diese Publikation in der Deutschen Nationalbibliografie; detaillierte bibliografische Daten sind im Internet über http://dnb.d-nb.de abrufbar.

ISBN: 9783346778260
Dieses Buch ist auch als E-Book erhältlich.

© GRIN Publishing GmbH
Nymphenburger Straße 86
80636 München

Druck und Bindung: Books on Demand GmbH, Norderstedt Germany
Gedruckt auf säurefreiem Papier aus verantwortungsvollen Quellen

Das Buch bei GRIN: https://www.grin.com/document/1303491

Deutsche Hochschule für
Prävention und Gesundheitsmanagement
Hermann-Neuberger-Sportschule 3
66123 Saarbrücken

Hausarbeit

Name, Vorname	Habold Simon
Studiengang	Sportökonomie
Studienmodul	Sportmarketing
Datum Präsenzphase (siehe Ergebnisdokumentation)	19.09-21.09.2022
Aufgabe	SWOT-Analyse des TSG 1899 Hoffenheim. Merchandising und Licensing, Sponsoring, Digitalisierung

Inhaltsverzeichnis

1 SWOT-Analyse des TSG 1899 Hoffenheim

Die SWOT-Analyse ist eine Verknüpfung der Chancen-Risiken-Analyse mit der Ressourcen-Analyse. Durch Analyse und Auswertung der Daten sollen Strategien abgeleitet werden, die einen Wettbewerbsvorteil gegenüber der Konkurrenz bieten sollen (Unrein, 2013). Die strategische Planung mithilfe der SWOT-Analyse, die aus unternehmensinternen Ressourcen (Strengths/ Weaknesses) sowie unternehmensexternen Einflussfaktoren (Opportunities/ Threats) besteht wird im Folgenden anhand des Fußballvereins TSG Hoffenheim durchgeführt.

1.1 Stärken und Schwächen – Ressourcenanalyse

Mithilfe der Stärken-Schwächen-Analyse kann gezielt die aktuelle und zukünftige Ressourcensituation der TSG Hoffenheim identifiziert werden. Darauf aufbauend können im Verlauf dann geeignete Strategien herausgearbeitet werden. Hierbei wird in diesem Punkt auf die unternehmensinternen Ressourcen der Stärken und Schwächen eingegangen.

Der TSG Hoffenheim ist ein Verein, der einerseits sehr viel Potenzial hat seine Stärken auszubauen, andererseits Probleme hat seine Schwächen aktuell und für die Zukunft zu minimieren.

Als eine der aktuellen Stärken kann eindeutig der derzeitige sportliche Erfolg genannt werden. Mit dem derzeitigem 4. Platz am 7. Spieltag liegt der TSG Hoffenheim derzeit sogar vor Spitzenfavorit FC Bayern München (Olympia-Verlag GmbH, o.J.).

Mit einem moderaten Ende in der letzten Saison im Mittelfeld mit Platz 9 kann sich der TSG Hoffenheim seit 2008 gut in der 1. Bundesliga halten. 2018 bestritt die TSG zudem das erste UEFA Champions League Spiel und erreicht internationale Aufmerksamkeit in der Gruppe F mit Gegnern wie Manchester City oder Olympique Lyon (TSG 1899 Hoffenheim Fußball-Spielbetriebs GmbH, o.J.). Dadurch resultierend entstand eine höhere Medienpräsenz und die „Hoffe" wurde oftmals im Kontext mit Vereinen der Premiere League und anderen europäischen Ligen genannt.

Eine weitere Stärke, die besonders hervorgehoben muss ist die Nachwuchsarbeit in den eigenen Reihen der TSG. Der Verein selbst hat seine TSG Akademie, derzeit bestehend aus 3 Nachwuchszentren (Grundlagen- und Leistungszentrum und Akademie-Arena). Mit einer Höchstwertung von drei Sternen wurde die Akademie von DFB und DFL als Eliteschule des Fußballs ausgezeichnet.

Die Qualität und das Niveau zeigt sich bei den erfolgreichen Trainern und Absolventen der Akademie. Bekannte Beispiele sind hier Niklas Süle (Spieler des Borussia Dortmund) und Julian Nagelsmann (Derzeitiger Chef-Trainer des FC Bayern München) (TSG 1899 Hoffenheim Fußball-Spielbetriebs GmbH, o.J.).

Eine eher geographisch, als auch architektonische Stärke des TSG Hoffenheims ist die moderne, gut ausgebaute Infrastruktur. Mit einer unmittelbaren Autobahnanbindungen kann das Stadion schnell erreicht werden. Zudem ist in einem Umkreis von 50km kein weiterer Verein der 1. Bundesliga anzutreffen. Der nächstgelegenste Verein ist hierbei der VfB Stuttgart (Transfermarkt GmbH & Co. KG., o.J.).

In ihrer PreZero Arena hat die TSG Platz für 30.150 Zuschauer und bietet insgesamt 4600 Parkplätze für die Fans. Durch die eigene Solar-Anlage speist der Verein knapp 1,05 Millionen Kilowattstunden nachhaltigen Strom jährlich in die öffentlichen Netze von Sinsheim ein. Das reicht um ungefähr zwei Drittel des Strombedarfs der Arena komplett selbst zu decken. Gerade aufgrund der derzeitigen „Energie-Krise", die alle Firmen und Privat-Haushalte in Deutschland trifft werden die TSG vermehrte Stromkosten nur wenig treffen (TSG 1899 Hoffenheim Fußball-Spielbetriebs GmbH, o.J.)

Neben diesen Stärken des TSG Hoffenheim gibt es jedoch auch Schwächen, die den Verein umittelbar oder zukünftig einschränken können.

Eine dieser Schwächen ist die finanzielle Abhängigkeit von Dietmar Hopp. Seit 1989 unterstützt er die TSG Hoffenheim finanziell. 2015 übernahm er dann 96% der Hoffenheim-Anteile. Das finanzielle Engagement ist traditionsbewussten Fans ein Dorn im Auge, die eine Umgehung bzw. ein Brechen der „50 + 1-Regel" sehen (Hinrichsen, 2015).

Als weitere Schwäche des Vereins ist die geringe Bekanntheit im nationalen und internationalen Bezug zu nennen. Im Jahr 2022 gab es rund 53,16 Millionen Personen in der deutschsprachigen Bevölkerung ab 14 Jahre, denen die TSG 1899 Hoffenheim bekannt war, und rund 17,44 Millionen Personen, denen der Fußballverein TSG 1899 Hoffenheim nicht bekannt war (Pawlik, 2022).

Im Vergleich dazu gab es es im Jahr 2022 rund 59,97 Millionen Personen, denen der regionale Konkurrent VfB Stuttgart bekannt war. Davon interessierten sich rund 4,7 Millionen ganz besonders für diesen Fußballverein (Pawlik, 2022).

Bei dem TSG Hoffenheim interessieren sich gerade einmal 2,96 Millionen ganz besonders für den Fußballverein (Pawlik, 2022).

1,74 Millionen mehr Personen interessieren sich demnach an dem unmittelbaren Regional-Konkurrenten.

Dieser Trend kann auch in den sozialen Medien erkannt werden. So hat die TSG derzeit ca. 393.000 Follower auf Instagram. Damit ist sie in der 1. Bundesliga knapp im Mittelbereich. Im Vergleich aber haben 2. Ligisten wie der FC Köln oder der Hamburger SV über 430.000 Follower bereits (Meta Platforms Ireland Limited, o.J.).

Ein fanspezifischer Punkt, der für viele als Schwäche des TSG gilt ist die fehlende Tradition und der daraus resultierende Ruf des Vereins. So sehen viele den TSG Hoffenheim als „Werks- oder Retortenclub". Gemeinam mit dem VfL Wolfsburg und dem Rasenballsport Leipzig belegt er in der 2019 durchgeführten Fußballstudie die letzten Plätze bezüglich dem Differenzierungsmerkmal „traditionsreich". (Backhaus, Hagebölling, O'Neill & Woisetschläger, 2019, S.15).

Ein Blick auf die Mitgliedszahlen der TSG bestätigen dies auch. Gerade einmal 11.000 Mitglieder kann der Verein derzeit zählen. Damit belegen sie in der Rangliste der 1. Bundesliga den vorletzten Platz vor Rasenballsport Leipzig. Im Vergleich hierzu hat der regionale Konkurrent Stuttgart knapp 75.000 aktive Mitglieder (Transfermarkt GmbH & Co. KG, o.J.)

1.2 Chancen und Risiken – Analyse der Unternehmensumwelt

Neben den Stärken und Schwächen der TSG sollen hier unternehmensexterne Einflussfaktoren in Form von Chancen und Risiken für Hoffenheim dargestellt und erläutert werden. Durch Hoffenheims eindeutige firmeninterne Stärken bieten sich dem Verein auch neue und bereits bestehende Chancen.

So kann der derzeitige sportliche Erfolg auch als finanzielle Chance für den TSG gesehen werden. Durch die derzeitige überdurchschnittliche Leistung entsteht ein Vielzahl von positiven Reaktionen. So wird durch den Erfolg das mediale Interesse und die nationale Bekanntheit gesteigert. International gesehen kann sich die TSG für die Champions League qualifiziren, was mit Top-Gegnern wie Paris Saint-Germain oder Manchester City in dem eigenen Stadion viele neue Zuschauer ansprechen kann. Dadurch resultiert natürlich auch wieder ein gesteigerter Umsatz.

Eine weitere Chance, die speziell den Faktoren Rentabilität und Umsatz entspricht ist die weitere Finanzierung des Vereins durch den Verkauf ausgewählter Spieler und Nachwuchstalente. Damit der Verein langfristig im Transfermarkt überleben will muss dies weiterhin so verlaufen wie bisher. Top-Transfers auf internationaler Ebene wie der Wechsel von Roberto Firmino in der Saison 2015/16 zum FC Liverpool für 41 Millionen Euro zeigen dies (Transfermarkt GmbH & Co. KG, o.J.)

Ein weiteres finanziell lukratives Beispiel wäre hier Joelinton, der in der Saison 2019/20 zu Newcastle United für 44 Millionen Euro Ablöse wechselte (Transfermarkt GmbH & Co. KG, o.J.).

Ein neudazugewonnen Chance für den Verein ist der Absatzmarkt im eSport. Hoffenheim stieg hierbei im Herbst 2020 erstmals in die Welt des eSports ein. Mit einer Prognose von einem eSports-Marktvolumen in Deutschland im Jahr 2026 von rund 190 Millionen Euro bietet dieser Markt komplett neue Absatz- und Umsatzmöglichkeiten (Tenzer, 2022). Der TSG Hoffenheim hat hierbei mit Lukas Seiler bereits einen der acht besten FIFA-Spieler der Saison 2020/21 unter Vertrag (Aßfalg, 2021).

Neben all den Chancen, die Hoffenheim hat gibt es aber auch Risiken mit denen der Verein kämpft um langfristig auch neben dem Platz erfolgreich zu bleiben. Ein Risiko das aktuell den TSG, als auch andere deutsche Vereine trifft sind die fortschreitenden hochpreisigen Transfers. Als derzeitiger Top-Verdiener in der 1. Bundesliga führt Sadio Mané die Tabelle mit 22 Millionen Euro Brutto-Gehalt an. Schaut man sich nun die Premiere League an ist Christiano mit einem Brutto-Gehalt von knapp 31 Millionen Euro vorne. Das entspricht einem Mehrgehalt von mehr als 40%. Nimmt man nun noch die französische Ligue 1 mit dazu erkennt man einen noch höheren Unterschied. Mit knapp 91 Millionen Brutto Jahresgehalt führt Kylian Mbappé die Liste unangefochten ganz vorne an (Capology, Inc., o.J.). Transfersummen von bis zu 222 Millionen Euro bringen die Umsatzdimensionen im Fußball auf ein ganz neues Level (Transfermarkt GmbH & Co. KG., o.J.) Auch wenn bei der TSG nicht Summen in diesem Ausmaß fließen ist natürlich die ausländische Konkurrenz von finaziell besser aufgestellten Vereinen stets gegeben.

Ein weiteres Risiko für die Turn- und Sportgemeinschaft Hoffenheim ist die Abhängigkeit von einzelnen Sponsoren. So ist der derzeitige Hauptsponsor die SAP Deutschland SE & Co. KG. Sollte SAP bzw. deren Anteilseigner und der 96%-Besitzer des TSG Dietmar Hopp sich in der Zukunft andere Investitionsentscheidungen treffen wird das Hoffenheim finanziell überlasten.

Ein weiteres Risiko, dass sowohl in der PreZero Arena als auch in anderen Stadien der Bundesliga vermehrt beobachtet wird ist die Gewalt innerhalb der Fans. . Eine Studie des ifo Institut aus München zeigt hierbei auf, dass die Anzahl der Gewaltdelikte an Fußballspieltagen durchschnittlich um etwas mehr als 20% größer ist als an denselben Wochentagen im Monat ohne Fußballspiel (Andres, Fabel & Rainer, 2022).

Bei dem letzten Heimspiel der TSG gegen den SC Freiburg wurden hier vor kurzem vier Polizisten von Hoffenheim-Fans leicht verletzt. Erst beim vorletzten Heimspiel der TSG

Hoffenheim gegen den FSV Mainz 05 waren bei Ausschreitungen nach dem Spiel bereits zwei Polizisten verletzt worden. Diese Gewalt sorgt dafür, dass viele Fans dem Fußball den Rücken drehen und Familien aus Angst nicht das Spiel besuchen (RheinpfalzVerlag, 2022).

1.3 SWOT-Matrix

Tabelle 1: SWOT-Matrix (eigene Darstellung)

SWOT-Analyse		Externe Analyse	
		Chancen (Opportunities) • Sportlicher Erfolg • eSports als neuer Unternehmenszweig • Finanzierung durch Verkauf von Talenten	Risiken (Threats) • Internationale Konkurrenz • Regionale Konkurrenz • Vermehrte Gewalt in Stadien
Interne Analyse	Stärken (Strengths) • Sportlicher Erfolg • Förderung der Nachwuchstalente • Gute, moderne Infrastruktur	• Vermehrter Umsatz und Gewinn durch den sportlichen Erfolg • Erhöhtes Medieninteresse bei Erfolg → Nationales und internationales Interesse	• Verkauf der neuen Nachwuchstalente für hohe Summen • Vermehrtes Augenmerk auf die eigene Nachwuchsakademie, um bereits in der Jugend internationale Talente zu binden
	Schwächen (Weaknesses) • Finanzielle Abhängigkeit • Schlechter Ruf • Fehlende Tradition	• Vermehrte Angebote für regionale Bewohner, um Kartenverkauf und Merchandise anzukurbeln • Nachhaltiges Schaffen einer dauerhaften Fantradition → „Wir sind Hoffe"	• Generieren langfristiger Sponsoren, um nachhaltig unabhängig zu werden • Vermehrte Fokus auf Familiengerechten, sicheren Fußball • Durchsetzen der Marke Hoffenheim im Vergleich zu regionaler Konkurrenz

S-O-Strategien:

Durch den derzeitigen sportlichen Erfolg (Platz 5 in der 1. Bundesliga – Stand 03.10.2022) kann ein vermehrter Umsatz und Gewinn generiert werden. Durch Einnahmen aus TV-Streaming, der Bundesliga und internationaler Ligen kann die TSG mit einer derzeitig besseren Bilanz rechnen. Durch den sportlichen Erfolg kann neben den gesteigerten Einnahmen aber natürlich auch das mediale Interesse gefördert werden. Der sportliche Erfolg fördert hierbei das nationale und internationale Medien-Interesse.

W-O-Strategien:

Mit derzeit gerade mal 11.000 Vereinsmitgliedern ist die TSG tabellenmäßig aber derzeit auf dem vorletzten Platz. Bis auf RB Leipzig hat jeder Verein der 1. Bundesliga mehr Vereinsmitglieder (Transfermarkt GmbH & Co. KG, o.J.).
Damit diese Zahl nachhaltig verbessert werden kann sollen vermehrte regionale Angebote durchgeführt werden. Dadurch soll auch eine langfristige, beständige Fangemeinschaft gebildet werden, die in einem Gemeinschaftsgefühl für „Hoffe" mitfiebert.

S-T-Strategien:

Ein großer Vorteil des TSG Hoffenheims ist die derzeitige hervorragende Arbeit im Bereich des Jugendnachwuchs. Um dies selbst effektiv zu nutzen sollen einzelne, talentierte Nachwuchsspieler an nationale und internationale Vereine verkauft werden. Durch die Einnahmen aus Ablösesumme und co. Können dann auch wieder in die Nachwuchsakademie reinvestiert werden. Durch eine stetige Verbesserung der Trainingsbedingungen und des Trainerstabs und der Mitarbeiter sollen weiterhin junge Talente eine exzellente Ausbildung in Hoffenheim bekommen.

W-T-Strategien:

Aufgrund der Abhängigkeit zu Einzelinvestor Dietmar Hopp und für die weitere Konkurrenzfähigkeit zu anderen nationalen Vereinen muss die TSG langfristig weitere Sponsoren generien. Dies soll in Verbund mit der Etablierung der Marke Hoffenheim in der Region geschehen. Um die Attraktivität für regionale Firmen und Zuschauer zu stärken soll zudem ein vermehrtes Augenmerk auf die Sicherheit im Stadion gelegt werden.

2 Merchandising und Licensing

2.1 Auslagerung betrieblicher Teilfunktionen als präferiertes Geschäftsmodell

Um für das 30-jährige Jubiläum eines Volleyballvereins ein passendes Merchandisekonzept zu entwickeln wird im Folgenden zuerst einmal die Festlegung des Geschäftsmodells aufgezeigt. Da das Merchandising ein komplexer, ressourcenaufwendiger Prozess ist und ein bestimmtes Know-How erfordert wird hierbei auf die Auslagerung betrieblicher Teilfunktionen zurückgegriffen. Der Verein selbst hat weder die zeitlichen, noch finanziellen oder gar sachlichen Mittel, um den kompletten Merchandisingprozess durchzuführen. Deshalb fokussiert sich der Verein primär auf den Entwurf und den Verkauf der Artikel. Für die eigentliche Produktion wird ein „Print"-Shop aus der Umgebung beauftragt. Dieser hat sich vor einigen Jahren speziell auf Textildruck in Form von Siebdruck spezialisiert. Dies ist eine kostengünstige, jedoch qualitativ hochwertige Variante, um Merchandising-Produkte zu bedrucken. Zudem bietet er weitere Merchandisingprodukte neben „klassischen" Klamotten an. Der Print-Shop ermöglicht außerdem dem Verein eine Anfertigung von kostenfreien Mustern, um etwaige Änderungen für die weitere Produktion noch aufnehmen zu können.

2.2 Beschreibung des Fanartikelsortiments

Tabelle 2: Merchandiseartikel (eigene Darstellung)

Art des Artikel	Produktbeschreibung	Sortimentsarchitektur	Produktbezug	Planungsbezug
Trikot Volleyball-Saison 22/23	Qualitativ hochwertiges Trikot eines namenhaften Sportartikelherstellers mit Aufdruck des Sponsors, dem Vereinswappen (vorne auf der Brust) und dem Vereinsnamen und einer personalisierbaren Nummer und des Spielernamens auf dem Rücken	Kernsortiment	Primärer Bezug zum Spielgeschehen	Saison-spezifische Planung
90s Retro Bag Volleyball	Streng limitierte Sporttasche im klassischens 90s Retro Design mit einem vorder- und rückseitigen Aufdruck des Vereinswappen. Nur verfügbar aufgrund des 30-jährigen Jubiläums	Zusatzsortiment	Primär Bezug zum Alltag des Fans	Aktions-spezifische Planung

90s Trikot Volley-ball-Verein	Dieses Trikot ist im Design des ersten Volleyball-Trikots des Vereins von 1992 zu erwerben. Im klassischen Nostalgie-Design ist es auf wenige Exemplare begrenzt. Das Trikot ist wie die Retro Bag nur im Rahmen der 30-Jahre Aktion verfügbar.	Zusatzsortiment	Primärer Bezug zum Spielgeschehen	Aktions-spezifische Planung
Schlüsselanhänger aus Leder	Klassischer Schlüsselanhänger aus Leder mit Metallring. Mithilfe von Lasergravur wird auf dem Leder das Vereinswappen eingeprägt.	Randsortiment	Primär Bezug zum Alltag des Fans	Saisonun-abhängige Planung
Vereins-Cap mit besticktem Logo	Größenverstellbare Unisex Cap mit aufgesticktem Vereinslogo	Kernsortiment	Primärer Bezug zum Stadiongeschehen	Saisonun-abhängige Planung
Edelstahlflasche mit bedrucktem Logo	Trinkflasche aus Edelstahl in schlichtem grauem Design mit aufgedrucktem Vereinslogo. Optional personalisierbarer Text und Litergröße auswählbar (0,5 / 1,0 und 1,5 Liter Flaschen)	Randsortiment	Primär Bezug zum Alltag des Fans	Saisonun-abhängige Planung

2.3 Zielgruppe des Fanartikelsortiments

Der Verkauf der Merchandisingartikel soll sowohl die interne, als auch die externe Zielgruppe ansprechen. Grundsätzlich ist das Sortiment natürlich für alle Altersklassen geeignet. Sporttasche und Trinkflasche zielt vor allem auf Personen ab, die selbst Sport treiben. Speziell mit der internen Zielgruppe sind Vereinsmitglieder, der Vorstand und andere ehrenamtliche Mitarbeiter, als auch die Sponsoren gemeint. Langjährige Sponsoren oder Mitglieder sollen vor allem mit dem exklusiven 30-Jahre Trikot angesprochen werden. Außerdem natürlich auch Vereins-Cap, Trinkflasche und Schlüsselanhänger, um auch den Verein in der Freizeit zu repräsentieren. Für die externe Zielgruppe, also Fans, Zuschauer oder Spielerfrauen oder -männer wird besonders das Trikot der aktuellen Saison interessant. So können sich beispielweise Spielerfrauen oder Spielerkinder den Namen und die Trikotnummer des Partners / Vaters personalisieren lassen.

2.4 Premiumpreispolitik als preispolitische Strategie

Bei der Auswahl bezüglich der Preispolitik ist die Premiumpreispolitik unumgänglich. Sowohl limitierte Varianten, wie die 90s Retro Trikots, als auch die geringe Abnahmemenge und die ausgewählte Qualität der Produkte fordern hohe Produktionskosten. Aktive Mitglieder des Vereins erhalten einen ermäßigten Preis pro Artikel. Für eine Kostenprognose wurden bereits im Vorfeld die Einkaufspreise mit dem Print-Shop abgesprochen. Da nur der Verein selbst das Sortiment vertreibt sind die Verkaufspreise auch bereits kalkuliert worden. Ab Saisonende wird zudem die Abschöpfungspreispolitik angewandt, damit die Artikel auf Grund der immer weiter sinkenden Nachfrage noch verkauft werden können. Dies erfolgt mit einem Rabatt von 25%.

Tabelle 3: Preispolitik (eigene Darstellung)

Artikel	Preis Einkauf (EK)	Preis Verkauf (VK)	Preis Verkauf Mitglied (VKM)
Trikot Volleyball-Saison 22/23	22€	38€	34€
90s Retro Bag Volleyball	18€	30€	25€
90s Trikot Volleyball-Verein	25€	41€	37€
Schlüsselanhänger aus Leder	2€	4€	3,60€
Vereins-Cap mit besticktem Logo	10€	20€	16€
Edelstahlflasche mit bedrucktem Logo	4,50€	8€	7€

2.5 Vertriebskanäle zur Vermarktung der Fanartikel

Der eigentliche Vertrieb wird von dem Verein und den Mitgliedern selbst übernommen. Speziell am Vereinsfest zu Ehren des 30-jährigen Jubiläums wird ein Stand aufgebaut an dem die Artikel erworben werden können. Zudem werden bei allen Spielen der Jugend- und Seniorenmannschaften ein Stand an der Heimtribüne aufgebaut. Desweiteren wird bei dem anstehenden Benefiz-Turnier mit 16 Mannschaften neben den Essens-Ständen ein weiterer Stand platziert.

2.6 Weitere Begleitmaßnahmen

Um alle Zielgruppen jeglichen Alters zu erreichen werden mehrere Begleitmaßnahmen durchgeführt. So wird in der Jahreshauptversammlung (4 Wochen vor der Jubiläums-Feier) eine persönliche Ansprache des Vorstandes gehalten, bei der das anstehende Jubiläum und die neuen Merchandising-Produkte behandelt werden. Hierbei wird den anwesenden Mitgliedern die Preisliste inkl. des Mitgliederrabatts mitgegeben. Ab dem Zeitpunkt der Hauptversammlung wird bei vereinsinternen Maßnahmen des Vorstandes und der ehrenamtlichen Mitarbeiter das neue Merchandise getragen (Employer-Branding-Strategie).

Als zusätzliche Maßnahme wird allen Mitgliedern in Form des E-Mail-Verteilers des Vereins eine Information bezüglich dem anstehenden Jubiläum und dem neuen Artikelsortiment (inkl. Bilder) ein Newsletter geschickt. Zudem wird in der monatlich erscheinenden Gemeindezeitung der Ortes ein Artikel über das anstehende 30-jährige Jubiläum und eine Vorschau der neuen Produkte gedruckt. Um speziell jüngere Menschen zu erreichen werden zudem alle Merchandise-Produkte auf Instagram und Meta vorgestellt.

2.7   Zeitraum des Merchandisingkonzepts

Die Vorstellung erfolgt zuerst exklusiv auf der Jahreshauptversammlung. Ab diesem Zeitpunkt beginnt der Verkauf der Produkte bis hin zur Jubiläumsfeier. Sollten nach diesem Zeitpunkt noch weitere limitierte aktionsspezifische Produkte im Lager sein werden diese noch für weitere zwei Wochen angeboten. Ab dem Zeitpunkt der Jahreshauptversammlung erfolgt auch die Bespielung der sozialen Medien mit den neuen Produkten. Außerdem erfolgt vor der Jubiläumsfeier das Herausschicken des Newsletters und das Veröffentlichen des Artikel in der Gemeindezeitung. Alle anderen aktionsunspezifischen Artikel werden bis zum Ende der Saison zum Verkauf angeboten. Vier Wochen vor Saisonende erfolgt die in 2.4 aufgezeigte Abschöpfungspreispolitik. Nach Ende der Saison werden nach wie vor die saisonunabängigen Produkte weiterhin angeboten.

3   Digitalisierung

3.1   Darstellung des Vereins

Tabelle 4: Allgemeine Daten zum Verein (eigene Darstellung)

Vereinsangebot	Fußball, Tennis (jugendorientiert)
Mitgliederzahl	394
Anzahl bezahlter Mitarbeiter (Vollzeit/Teilzeit/Geringfügig Beschäftigte)	4 Mitarbeiter (3 Teilzeit / 1 Geringfügig Beschäftigter)
Anzahl ehrenamtlicher Mitarbeiter	32

Offizielle Fanclubs	2 (Insgesamt 639 Mitglieder)
Aktuelle Liga der ersten Mannschaften / Spieler	Tennis auf Landesliga-Niveau und Fußball in der Bezirks-oberliga

3.2 Zielgruppe der Vereins-App

Für die Vereins-App gibt es mehrere Zielgruppen. Die primäre Zielgruppe, die mit der App angesprochen werden soll sind die internen Mitglieder. Die sekundäre Zielgruppe sind Zuschauer und Fans des Vereins. Ziel der App ist für Mitglieder vereinsalltägliche Dinge zu erleichtern. Zudem sollen durch die App die Mitglieder besser gebunden werden, da in dieser durch ein FAQ und einen Chat-Log alle Fragen schnell beantwortet werden können. Für externe Personen, also Fans und Zuschauer soll durch die App eine top-aktuelle Möglichkeit geboten werden, um News und Änderungen zu erfahren. Durch die Aktualität der Inhalte sollen diese also weiterhin an den Verein gebunden werden. Zudem kann die App für Fans genutzt, um für einzelne Spiele zuzusagen. So gibt es die Mög-lichkeit anonym und unter Einhaltung der DSGVO einzusehen wie viele bei kommenden Spielen mit dabei sein werden. So soll die App als Organisationshilfe dienen, um eventu-ell Fahrgemeinschaften der Fans für Auswärtsspiele zu bilden.

3.3 Inhaltliche Darstellung der Vereins-App

Tabelle 5: Inhalte der App (eigene Darstellung)

Themen	Mehrwert für den Kunden	Mehrwert für den User
Trainingsinterne Plattform für die einzelnen Jugend-mannschaften	Vereinfachte Kommunika-tion in den Mannschaften und verringerter Aufwand für den Trainerstab.	Die Mitglieder der einzelnen Mannschaften können via App ganz einfach für das Training zu- oder absagen. Zu-dem können sie hier für Events und Pflichtspiele zusagen oder absagen. Außerdem gibt es die Möglichkeit mit ei-nem Athletiktrainer zu schreiben, um etwaige spezifische Trainingstipps zu erhalten.
Liveticker und Echtzeit-News	Gesteigerte Attraktivität für Fans/Zuschauer und Eltern durch aktuelle Inhalte. Wei-tergabe von News, wie den Live-Ticker der Spiele mög-lich.	Spielferne Zuschauer/Fans/Eltern der Spieler oder Spie-ler, die selbst nicht dabei sein können, haben hier die Möglichkeit in Echtzeit die Spiele mitzuverfolgen. App-User können nach Freigabe Clips und Fotos der einzelnen Spiele hochladen. Zudem können vergangene Spiele und deren Highlights nachträglich angesehen werden.

Teamspezifischer und öffentlicher Chat	Einfache Kommunikation zwischen Mitspielern, Vorstand, Trainerstab und Fans.	Spieler habe die Möglichkeit in dem Teamchat Fragen zu stellen. Zum Beispiel, falls einzelnen Spielern spielnotwendige Ausrüstung fehlen sollte. So könnte zum Beispiel der Mitspieler sein zweites Paar Schienbeinschoner oder einen weiteren Tennisschläger mitnehmen. Außerdem können in dem öffentlichen Chat sich Fans und Zuschauer austauschen und Fragen stellen. Hier kann man bei Interesse auch Fahrgemeinschaften bilden durch gemeinsame Absprache.
Sponsorenplattform für Kommunikation und Verwaltung	Bindung der bestehenden Sponsoren und Steigerung der Attraktivität für potenzielle Sponsoren	Sponsoren haben durch die App eine stetige Kommunikationsmöglichkeit mit dem Verein. Durch eigene Zugangsdaten pro Sponsor können diese Sponsorenverträge, AGBs und co. Durchsehen. Zudem wird jedem Sponsor einen Zugang zu Bildern des Vereins gewährt. Dadurch können sich diese ganz einfach Bilder für ihre eigenen sozialen Media herunterladen und verwenden. Hierbei erhält jeder Sponsor individuelle Bilder, bei dem die Mannschaft den Sponsor repräsentiert (Zum Beispiel Trikotsponsor oder das Logo des Sponsors im Hintergrund der Mannschaft / Auf der Vereinsbande zu sehen).

3.4 Chancen und Risiken der Vereins-App

Tabelle 6: Chancen und Risiken der App (eigene Darstellung)

Chancen der App	Risiken der App
- Erhöhung des Bekanntheitsgrades - Vereinfachte vereinsinterne Kommunikation	- Erhöhtes Risiko der Datensicherheit einzelner Mitglieder und Einhaltung der Datenschutzgrundverordnung - Fehlendes Interesse oder Know-How älterer oder sehr junger Mitglieder/Fans

Die Vereins-App bringt natürlich neue Chancen für den Verein, als auch Risiken mit sich. So könnte eine Chance der App sein, dass durch diese der Bekanntheitsgrad des Vereins weiter ausgebaut werden kann. So können einzelne Clips und Highlights des Live-Tickers (Siehe 3.3) für die Verwendung auf sozialen Medien genutzt werden. Zudem fördert die Aktualität der Inhalte neue User.

Ein Risikofaktor in dem Zuge ist natürlich dabei das fehlende Interesse oder Wissen bei sehr jungen oder alten Mitgliedern. So ist die Bedienung der App für diese Gruppen schwieriger. Hierbei müsste auf eine Alternative für diese beiden Personengruppen zurückgegriffen werden. Ein weiteres Risiko hierbei ist der Datenschutz. So muss der Verein alle Mitgliedsdaten in der App vertraulich behandeln und diese ausreichend absichern. Durch Hacker-Angriffe oder Fehler in der App könnten diese Daten in die Öffentlichkeit getragen werden, was rechtlich und finanziell dem Verein stark schaden könnte.

Als Chance wiederum bietet die App dem Verein einen einfachen Kommunikationsweg für alle Zwecke. So wird dem Verein viel Zeit und personeller Aufwand erspart,um einzelne Nachrichten oder Informationen an Mitglieder weiterzugeben. So gehen auch keine Informationen mehr unter, da diese immer über denselben Kommunikationsweg geführt werden. Bei mündlichen Absprachen, Whatsapp-Nachrichten oder E-Mails kommt es oftmals aufgrund einer Unübersichtlichkeit der einzelnen Kommunikationswege zu Fehlern bei der Planung.

3.5 Mögliche Bewerbung der Vereins-App zur Verbesserung des Bekanntheitsgrades

Die Vereins-App wird nach Entwicklung bei Alphabet und Apple mit einem Antrag zur Veröffentlichung im Appstore eingereicht. Dadurch soll dem Nutzer ermöglicht werden diese ganz einfach im Google Playstore oder iTunes App Store zu finden.

Nach erfolgter Freischaltung werden die einzelnen Mitglieder via E-Mail-Verteiler kontaktiert. Hierbei wird der spezielle Nutzen der App und die Downloadlinks eingearbeitet. Zudem wird bei den zukünftigen Trainingstagen vor Ort den Teammitgliedern der einzelnen Mannschaften die App vor dem eigentlichen Trainingsbeginn kurz erklärt. Die Teammitglieder bekommen hierbei die Anweisung die App den Eltern/Fans und Zuschauern bei Interesse kurz vorzustellen.

In der monatlichen Gemeindezeitung der Gemeinde wird zusätzlich ein Artikel über die neue App mit QR-Code veröffentlicht. Dieser QR-Code wird zudem auf Werbebannern am Rand der Spielfelder, als auch auf den Spiel-Tickets abgebildet.

Eine weitere Maßnahme ist die Bewerbung der App auf den sozialen Medien. So wird dies mit dem vereinseigenen Account auf Instagram und Meta durchgeführt. Zudem gibt man den einzelnen Mitgliedern via E-Mail bei Interesse Werbematerial, damit diese auch auf ihren privaten Profilen die App bewerben können.

4 Sponsoring

4.1 Produktpalette der „NSE Nutrition GmbH" (Sponsor des Laufevents)

Tabelle 7: Charakterisierung der NSE Nutrition GmbH (eigene Darstellung)

Name der Firma	NSE Nutrition
Produkte / Produkt-palette	NES Nutrition ist ein Online-Versandhandelsunternehmen für Sportnahrung und Nahrungsergänzungsmittel. Die Produkpalette ist hierbei speziell auf Kraft- und Ausdauersportler ausgerichtet. Klassische Produkte des Unternehmens sind hierbei Isotonische Getränke und Gels, Energieriegel und Proteinpulver.
Zielgruppen	- Einzelsportler (Speziell Profis & Amateure im Ausdauer- und Kraftsport) - Sportvereine, Fitnessstudios und Sportnahrungsläden (Unter anderem als B2B-Kunden) - Firmen für Sportveranstaltungen
Distributionskanäle	- Verkauf erfolgt primär über den Online-Shop an interessierte Einzelsportler - Eigens entwickelter B2B Zugang für oben genannte Firmen und Vereine, mit dem sie online Produkte bestellen können - Direkter Vertrieb durch direktes Kontaktieren einzelner Sportveranstaltungen für Events
Kommunikationsin-strumente	- Eigenes Event-Marketing (NSE Day 2022) mit vor Ort Verkauf der Produkte - Sponsoring von einzelnen, exklusiven Veranstaltungen (Ironman Frankfurt, Triathlon Ingolstadt und des Berliner Halbmarathon) - Influencer-Marketing via Social Media
Derzeitiger regionaler Bekanntheitsgrad	Die NSE Nutrition GmbH ist bereits ein bekannte und anerkannte Marke für Supplements und Sportnahrung. Sowohl regional als auch deutschlandweit ist sie bekannt für ihre gute Qualität „Made in Germany". Bereits vorangegange Sponsorings der oben genannten ´Veranstaltungen haben den Bekanntheitsgrad der Firma weiter ausgebaut. Um weiterhin mögliche neue B2B-Kunden zu erreichen und neue Interessenten zu generieren ist nun das Ziel der NSE Nutrition GmbH das Sponsoring des regionalen Laufevents.

4.2 Sponsoringprozess aus Sicht der „NSE Nutrition GmbH"

Tabelle 8: Ablauf des Sponsoringprozesses

Festlegung der Ziele	Kognitiv-orientiertes externes Ziel: - Bekanntmachung des Unternehmens, insbesondere neuer Produktlinien Affektiv-orientiertes externes Ziel: - emotionales Erleben des Unternehmen und deren Produkten bzw. Marken - Aufbau und Pflege einer Beziehung zwischen Unternehmen und Kunden auf der Basis eines gemeinsamen Erlebnisses
Schnittmengenanalyse der Zielgruppen	- Ausdauersportler aller Leistungs- und Altersklassen - Potenzielle B2B-Kunden im Sponsorenzelt oder bei den Messeständen
Sponsoring-Einzelmaßnahmen	- Bei Abholen der Startunterlagen der einzelnen Athleten erhält jeder Athlet die Unterlagen in einem nachhaltigen Turnbeutel - In dem Turnbeutel sind 2 Energieriegel und ein individueller Code mit 20% Rabatt für die Website der NSE Nutrition GmbH vorhanden - An den Verpflegungsstationen des Laufs werden den Athleten Isotonic-Drinks aus den Produkten der NSE Nutrition GmbH angeboten. Dies erfolgt in speziell angefertigten Mehrweg-Bechern mit dem Logo der NSE Nutrition GmbH. - Eigens aufgebauter Messestand an der Sportler-Messe an dem sich teilnehmende Athleten und interessierte Zuschauer über die Produkte informieren und diese gegebenenfalls testen und kaufen kann - Eigenes Design der NSE Nutrition GmbH wird im Rahmen des Sponsorings auf der Vorderseite des Zielturms platziert
Erfolgskontrolle des Sponsorships	- Nach Ende des Events werden alle potenziellen neuen B2B-Kunden kontaktiert und ein Termin wird vereinbart. Außerdem erfolgt das Auswerten der Umsatzzahlen am Eventtag vor Ort. - Eine Woche nach Ende wird im Online-Shop analysiert, wieviele der 20%-Rabatt Gutscheine der Athleten eingelöst wurden - Mit einer Keyword-Analyse werden im Verlauf die sozialen Medien und regionale Medien durchgesehen, um die Medienpräsenz auszuwerten. Hierbei wird speziell auf Kritik geachtet, um etwaige Verbesserungsprozesse für zukünftige Sponsoringaktivitäten herauszufiltern

5 Literaturverzeichnis

Andres, L., Fabel, M., & Rainer, H. (2022). *Wie viel Gewalt verursacht der Profifußball in Deutschland?* München: ifo Institut. Zugriff am 01.10.2022. Von https://www.ifo.de/publikationen/2022/aufsatz-zeitschrift/wie-viel-gewalt-verursacht-der-profifussball-deutschland abgerufen

Aßfalg, N. (23. Dezember 2021). *TSG ESPORTS IM WACHSTUM - VBL-Erfolge, Nachwuchs, Unterhaltung – Jahresrückblick 2021.* Zugriff am 01.10.2022. Von https://esports.tsg-hoffenheim.de/de_DE/aktuelles/tsg-esports-2021-jahresr%C3%BCckblick-nachwuchstalente-vbl-club-championship-coach-content-creator-trikot-tsg-echampion abgerufen

Backhaus, C., Hagebölling, M., O'Neill, V., & Woisetschläger, D. (2019). *Fußballstudie 2019 - Die Markenlandschaft der Fußball-Bundesliga.* Braunschweig: Technische Universität Braunschweig - Institut für Automobilwirtschaft und Industrielle Produktion. Zugriff am 04.10.2022 Von https://www.bisp-surf.de/Record/WE020170900067 abgerufen

Capology, Inc. *Capology - Football Salaries & Finances.* Zugriff am 29.09.2022 Von https://www.capology.com/ abgerufen

Hinrichsen, H. (14. 02 2015). *Dietmar Hopp bei TSG Hoffenheim.* Zugriff am 03.10.2022 Von https://www.stuttgarter-zeitung.de/inhalt.dietmar-hopp-bei-tsg-hoffenheim-king-of-kraichgau.0509d4b8-77a2-4c6c-b099-82708f07a8be.html abgerufen

Meta Platforms Ireland Limited *TSG Hoffenheim Instagramprofil.* Zugriff am 05.10.2022 Von https://www.instagram.com/tsghoffenheim/?hl=de abgerufen

Meta Platforms Ireland Limited. *Hamburger SV Instagram-Profil.* Zugriff am 05.10.2022 Von https://www.instagram.com/hsv/?hl=de abgerufen

Meta Platforms Ireland Limited,. *1. FC Köln Instagramprofil.* Zugriff am 05.10.2022 Von https://www.instagram.com/fckoeln/?hl=de abgerufen

Olympia-Verlag GmbH. *Kicker.* Zugriff am 03.10.2022 Von https://www.kicker.de/bundesliga/tabelle/2022-23/7 abgerufen

Pawlik, V. (4. April 2022). *Umfrage in Deutschland zum Interesse am Fußballverein TSG 1899 Hoffenheim bis 2022.* Zugriff am 28.09.2022 Von https://de.statista.com/statistik/daten/studie/171094/umfrage/interesse-am-fussballverein-tsg-1899-hoffenheim/ abgerufen

Pawlik, V. (4. April 2022). *Umfrage in Deutschland zum Interesse am Fußballverein VfB Stuttgart bis 2022.* Zugriff am 28.09.2022 Von https://de.statista.com/statistik/daten/studie/171084/umfrage/interesse-am-fussballverein-vfb-stuttgart/ abgerufen

Pawlik, V. (4. April 2022). *Umfrage in Deutschland zur Bekanntheit der TSG 1899 Hoffenheim bis 2022.* Zugriff am 28.09.2022 Von https://de.statista.com/statistik/daten/studie/171093/umfrage/bekanntheit-des-fussballvereins-tsg-1899-hoffenheim/ abgerufen

RHEINPFALZ Verlag und Druckerei GmbH & Co. KG. (2022). *Vier verletzte Polizisten nach Heimspiel TSG Hoffenheim.* (M. U. Ludwigshafen, Hrsg.) Ludwigshafen. Zugriff am 27.09.2022 Von https://www.rheinpfalz.de/lokal/pfalz-ticker_artikel,-vier-verletzte-polizisten-nach-heimspiel-tsg-hoffenheim-_arid,5407637.html abgerufen

Tenzer, F. (29. September 2022). *Prognose zum Umsatz im eSports-Markt in Deutschland nach Segment bis 2026.* Zugriff am 05.10.2022 Von https://de.statista.com/statistik/daten/studie/1022719/umfrage/prognose-zum-umsatz-im-esports-markt-in-deutschland-nach-segment/ abgerufen

Transfermarkt GmbH & Co. KG. *1. Bundesliga Kartenübersicht.* Zugriff am 03.10.2022 Von https://www.transfermarkt.de/1-bundesliga/karte/wettbewerb/L1 abgerufen

Transfermarkt GmbH & Co. KG.. *SPIELERDATEN Joelinton Cassio Apolinário de Lira.* Zugriff am 03.10.2022 Von https://www.transfermarkt.de/joelinton/profil/spieler/333241 abgerufen

Transfermarkt GmbH & Co. KG. . *SPIELERDATEN Neymar da Silva Santos Júnior.* Zugriff am 03.10.2022 Von https://www.transfermarkt.de/neymar/profil/spieler/68290 abgerufen

Transfermarkt GmbH & Co. KG. . *SPIELERDATEN Roberto Firmino Barbosa de Oliveira.* Zugriff am 03.10.2022 Von https://www.transfermarkt.de/roberto-firmino/profil/spieler/131789 abgerufen

Transfermarkt GmbH & Co.K. (kein Datum). *DATEN UND FAKTEN BUNDESLIGA.* Zugriff am 03.10.2022 Von https://www.transfermarkt.de/1-bundesliga/daten/wettbewerb/L1/sort/mitglieder.desc abgerufen

TSG 1899 Hoffenheim Fußball-Spielbetriebs GmbH. *Von der Gründung bis heute.* Zugriff am 06.10.2022 Von https://www.tsg-hoffenheim.de/tsg/der-club/historie/ abgerufen

TSG 1899 Hoffenheim Fußball-Spielbetriebs GmbH. *DIE PREZERO ARENA IN ZAHLEN.* Zugriff am 01.10.2022 Von https://events.tsg-hoffenheim.de/arena/daten-und-fakten/ abgerufen

TSG 1899 Hoffenheim Fußball-Spielbetriebs GmbH. *Eliteschule - Doppelpass mit Sport und guten Noten.* Zugriff am 03.10.2022 Von https://www.tsg-hoffenheim.de/akademie/alle-infos/eliteschule/ abgerufen

TSG 1899 Hoffenheim Fußball-Spielbetriebs GmbH. *Von der Akademie in den Profifußball.* Zugriff am 29.09.2022 Von https://www.tsg-hoffenheim.de/akademie/alle-infos/absolventen/ abgerufen

Unrein, D. (2013). *Die SWOT-Analyse.* WiSt - Wirtschaftswissenschaftliches Studium (9), S. 516-519

6 Tabellenverzeichnis